DIE WELT DER MEERE

Dieter Braun

DIE WELT DER MEERE

KNESEBECK

DIE WELT DER MEERE

Als kleiner Junge stand ich am Ufer des großen Flusses, der durch meine Heimatstadt am Niederrhein fließt, und fragte mich, wohin das viele Wasser läuft, das an mir vorbeirauschte. Heute weiß ich, dass der Rhein in die Nordsee mündet.

Als ich zum ersten Mal ein echtes Meer sah, traute ich meinen Augen nicht. So viel Wasser hatte ich noch nie gesehen. Bis zum Horizont erstreckte sich das Meer. Mit den Füßen im warmen Sand schaute ich auf die wogenden Wellen. Was für eine unbekannte und aufregende Welt sich da vor mir auftat! Gibt es Tiere, die unter Wasser atmen können? Wie ernähren sie sich, wie tief können sie tauchen? Und wie bewegen wir Menschen uns im und auf dem Wasser?

Welche Hilfsmittel benötigen wir, um diese wundersame Welt der Ozeane zu erforschen?

Dieses Buch führt uns von der Tiefsee zur eher flachen Nordsee. Wir beobachten furchteinflößende Haie, beeindruckende Wale und freundliche Delfine, riesige Kraken, Meeresschildkröten, Krebse oder Seepferdchen und sehen, was es am Strand zu entdecken gibt. Und wir bekommen Antwort auf eine ganz besondere Frage: Gibt es Hasen im Meer?

Viel Spaß beim Abtauchen!

Dieter Braun

INHALT

Der Blaue Planet

Aus dem Weltall betrachtet, erscheint unsere Erde blau. Die Erdoberfläche ist zu 71 % mit Wasser bedeckt und das Wasser reflektiert vor allem die blauen Anteile des Lichts. Deswegen nennen wir die Erde auch »der Blaue Planet«.

Ein Planet muss bestimmte Bedingungen erfüllen, damit Leben, wie wir es kennen, möglich ist. Es darf nicht zu kalt sein, aber auch nicht zu warm, und die Atmosphäre muss die richtige Mischung aus Stickstoff und Sauerstoff enthalten. Vor allem muss Wasser in großer Menge vorhanden sein. In unserem Sonnensystem erfüllt nur die Erde diese Voraussetzungen. Das Leben auf unserem Planeten hat sich vor sehr langer Zeit im Meer entwickelt. Und auch heute noch ist das Meer der größte Lebensraum auf der Erde.

Meer oder Ozean?

Wenn wir Urlaub machen, sagen wir oft, wir fahren ans Meer oder an die See. Wie heißt es denn nun richtig? Meer, See oder doch Ozean? Das ist sprachlich ganz schön verwirrend.

Ozeane nennt man die riesigen zusammenhängenden Wasserflächen, die sich zwischen den Kontinenten befinden. Man unterscheidet zwischen dem Pazifischen Ozean, dem Atlantischen Ozean, dem Indischen Ozean, dem Arktischen und dem Antarktischen Ozean. Neben diesen fünf Ozeanen gibt es viele Meere, die die verschiedenen Kontinente umfließen. Sie alle sind mit den Ozeanen verbunden.

Die Küste

Als Küste bezeichnet man den Landschaftsabschnitt, in dem das Land ins Meer übergeht. Es gibt ganz unterschiedliche Küstentypen. Zu den häufigsten Formen zählen die Steil- und die Flachküste. Bei einer **Steilküste** trifft das Meer auf steil aufragendes Festland, wobei die Höhe des Festlands deutlich über dem Meeresspiegel liegt. Bei der **Flachküste** geht das Festland ganz sachte ins Meer über. Flachküsten bestehen meistens aus lockerem Material wie Sand und Kies. Der so geschaffene Uferstreifen, den wir am Meer alle besonders toll finden, heißt Strand.

An vielen Ufern der Weltmeere kann man den ständigen Wechsel von **Flut** und **Ebbe** beobachten. Dieses Zusammenspiel von Hoch- und Niedrigwasser bezeichnet man als Gezeiten oder auch Tiden. Flut ist dabei der Zeitraum des ansteigenden, also auflaufenden Wassers, Ebbe der Zeitraum des sinkenden, also ablaufenden Wassers. Um die Entstehung der Gezeiten zu verstehen, lohnt ein Blick in die Sterne. Bestimmt wird dieses Zusammenspiel nämlich von der Anziehungskraft von Sonne, Mond und Erde.

Das Wasser der Weltmeere wird von der Kraft des Mondes angezogen wie von einem Magneten.

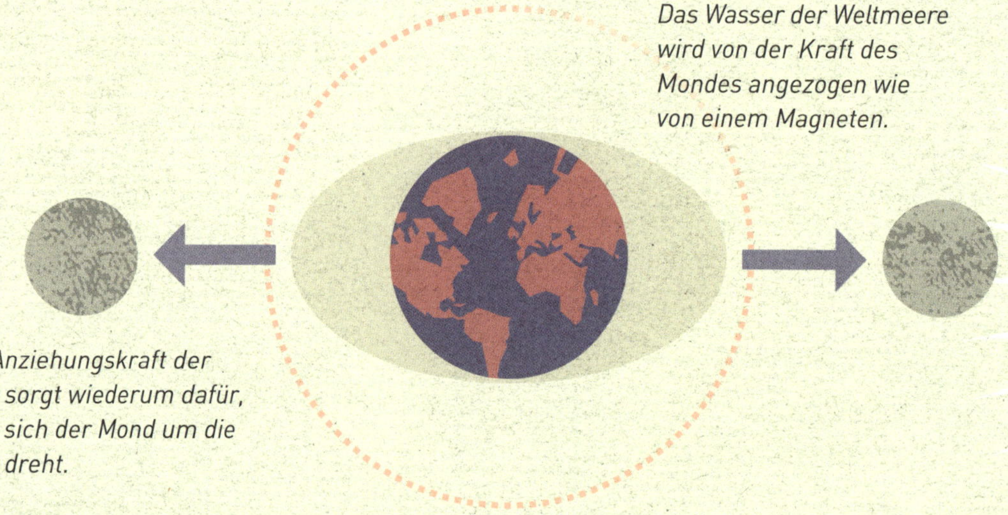

Die Anziehungskraft der Erde sorgt wiederum dafür, dass sich der Mond um die Erde dreht.

Die Erde dreht sich einmal am Tag um sich selbst, und Erde und Mond drehen sich zusammen um die Sonne. Die Sonne hat ebenfalls Auswirkungen auf die Gezeiten.

Im südlichen Australien findet man ein besonderes Naturphänomen: die **Twelve Apostles**, deutsch Zwölf Apostel. Diese Kalkfelsen an einer Steilküste der legendären Great Ocean Road im Bundesstaat Victoria sind ein beliebtes Fotomotiv. Leider sind nur noch sieben der ursprünglich neun Kalksäulen übrig. Und man muss davon ausgehen, dass diese verbliebenen Apostel nicht für immer hier stehen werden. Wind und Salzwasser sind verantwortlich für das Verschwinden der Kalksteinriesen – so wie Wind und Salzwasser vor Jahrmillionen die bizarr geformten Felsen haben entstehen lassen.

An besonders flachen Küsten wie an der Nordsee gibt es **Wattenmeere**. Sie werden stark von den Gezeiten beeinflusst. Riesige Flächen dieser Meere werden während des Niedrigwassers fast trocken gelegt und erst bei Flut wieder von Wasser überspült. Den trocken gelegten Grund des Meeres nennt man Watt. Dort tummelt sich allerlei Getier. Sandwürmer, Schnecken, Muscheln und Krebse werden sichtbar und bieten der heimischen Vogelwelt einen reich gedeckten Tisch.

Puh, da wird einem ja ganz schwindelig! Die Anziehungs- und Fliehkräfte zusammen lassen also das Wasser in den Weltmeeren wie in einem großen Eimer hin- und herschwappen.

Wattenmeer an der Nordsee

Fische

Fische sind die Wirbeltiere mit der größten Artenvielfalt. Schätzungen zufolge sind derzeit ungefähr 32.500 Fischarten bekannt. Es gibt sie in allen Formen und Farben. Sie sind riesig oder winzig klein, dünn oder kugelförmig, kunterbunt oder beinahe transparent. Fast alle Fische haben statt Gliedmaßen Flossen zum Schwimmen und Kiemen zum Atmen. Die meisten Fische haben Schuppen, die in ihrer Lederhaut stecken und wie Ziegel auf einem Dach angeordnet sind.

Die Kiemen sind – wie unsere Lunge – ein Organ, das Fische mit Sauerstoff versorgt. Ein Fisch atmet ein, indem er sauerstoffreiches Wasser durch sein Maul einsaugt. In den sogenannten Kiemenblättchen wird dann der Sauerstoff aus dem Wasser gelöst. Zum Ausatmen schließt der Fisch sein Maul, der Kiemendeckel öffnet sich, und das Wasser tritt zusammen mit dem entstandenen Abfallprodukt Kohlendioxid wieder aus.

*Der **Kupferstreifen-Pinzettfisch** ist ein tropischer Meeresfisch und gehört zur Familie der Falterfische. Ein besonderes Merkmal sind die vier senkrechten orangefarbenen Streifen. Im oberen hinteren Teil seines Körpers hat er einen weiß umrandeten schwarzen Augenfleck. Was ist vorn, was ist hinten? Damit verwirrt er seine Fressfeinde, die deshalb seine Fluchtrichtung nicht richtig einschätzen können.*

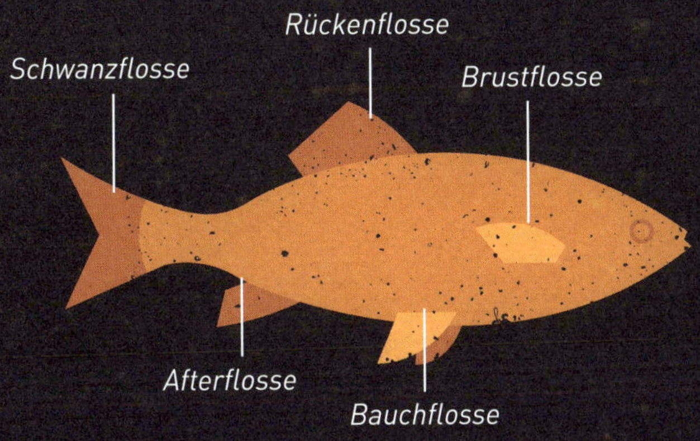

Viele Knochenfische besitzen eine mit Gas gefüllte Schwimmblase, die es ihnen ermöglicht, im Wasser zu schweben und aufzusteigen oder abzusinken. Spannt der Fisch die Muskeln an, die die Blase umgeben, verkleinert diese sich – der Fisch sinkt ab. Wenn er die Muskeln wieder entspannt, dehnt sich die Blase aus und der Fisch steigt auf.

Man unterscheidet zwischen ***Knochenfischen*** *und* ***Knorpelfischen****. Beim Knochenfisch ist das Skelett vollständig oder teilweise verknöchert. Beim Knorpelfisch besteht das Skelett, wie der Name schon sagt, aus einem biegsamen Gewebe namens Knorpel. Knorpelfische sind beispielsweise Haie oder Rochen.*

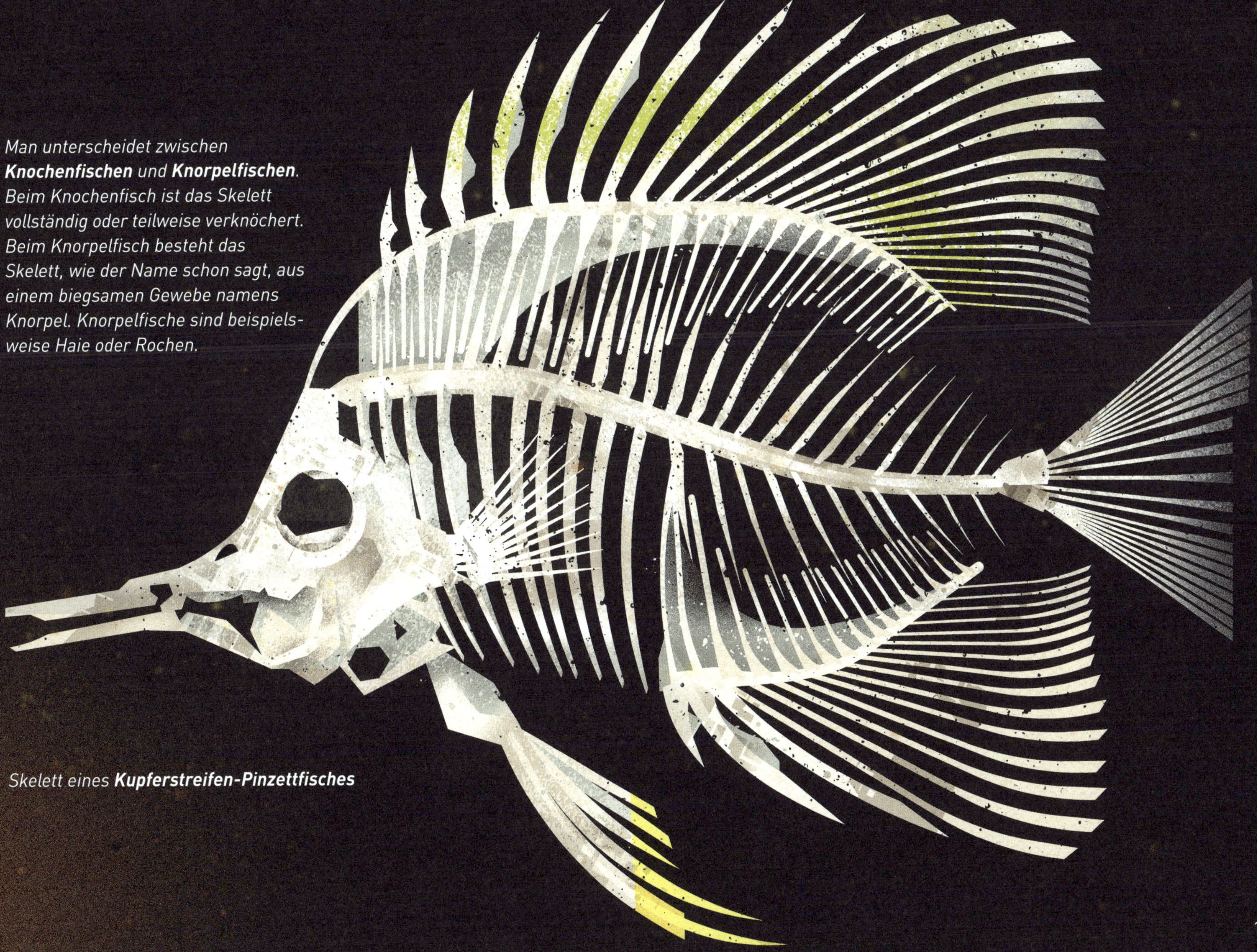

Skelett eines ***Kupferstreifen-Pinzettfisches***

Der Schwarm

Viele Tiere sind keine Einzelgänger, sondern in größeren Gruppen unterwegs. Solche Gruppen haben oft ganz spezielle Namen. Wölfe beispielsweise leben in Rudeln, Ameisen bilden eine Kolonie und Elefanten laufen in Herden durch die Savanne. Wenn sich Fische zu einer großen Gruppe zusammenschließen, entsteht ein Schwarm. Im Schwarm schaffen Fische es, sich gemeinsam wie ein einziges Lebewesen zu bewegen. Dazu muss sich jeder einzelne Fisch lediglich an zwei Regeln halten: dem voranschwimmenden Fisch zu folgen und die Geschwindigkeit des Nachbarfischs zu halten. Je besser der Zusammenhalt der Fische ist, desto geringer ist das Risiko für den Einzelnen, von einem Angreifer »herausgefischt« zu werden.

Für manche Räuber sind solche Schwärme natürlich ein gefundenes Fressen. Bartenwale tauchen gern von unten an einen Fischschwarm heran. Dann reißen sie ihr Maul weit auf, um möglichst viele Fische zu erwischen und mit ihren Barten aus dem Wasser zu filtern.

Wellen

Auf dem offenen Meer im tiefen Wasser entstehen Wellen hauptsächlich durch Wind. Der Wind erzeugt Reibung auf der Wasseroberfläche. Dadurch entwickeln sich zunächst kleine Wellen, die die Oberfläche kräuseln. Bei Sturm werden die Wellen größer. Je stärker und je länger der Wind bläst, desto höher werden sie. Ab einer bestimmten Windstärke und Höhe bewegt sich die Spitze des Wellenberges schneller als die Welle selbst – die Welle bricht und flacht ab.

***Windsurfen** kann man auch ganz ohne Wellen. Gute Windsurfer nutzen hohe Wellen aber gern für akrobatische Luftsprünge.*

Kitesurfen *ist wie Surfen und Drachen-steigen-Lassen gleichzeitig. Der Drachen heißt hier jedoch Kite – das ist die englische Bezeichnung für Drachen – und ist viel größer als ein gewöhnlicher Drachen. Damit dieser Riesendrachen einen Kitesurfer geschmeidig übers Wasser ziehen kann, braucht es viel Wind. Wellen braucht man zum Kitesurfen nicht unbedingt, aber in Wellen zu surfen macht geübten Kitern großen Spaß.*

Es gibt auch Wellen, die durch Erdbeben auf dem Meeresgrund, sogenannte Seebeben, ausgelöst werden. Auf offener See bleiben diese Wellen oft unbemerkt. In Küstennähe können sich die Wassermassen zu riesigen Flutwellen auftürmen, ganze Küstenorte zerstören und viele Menschen töten. Eine solch verheerende Flutwelle nennt man Tsunami.

Wellenreiten

Das Wellenreiten hat seinen Ursprung in der Südsee und ist schon seit annähernd 4.000 Jahren Teil der polynesischen Kultur. Von Hawaii ausgehend, wurde das Wellenreiten seit den 1950er-Jahren auch im Rest der Welt sehr beliebt. Für viele Menschen ist Surfen heute mehr als eine Sportart. Es ist ein Lebensgefühl, bei dem sie sich eng verbunden fühlen mit den Kräften der Natur.

Bitte nicht nachmachen!
Big-Wave-Surfen ist die Königsdisziplin des Wellenreitens. Mit fast 70 km/h jagen die wagemutigen Surfer über Wellen, die sich bis zu 20 m hoch auftürmen. So einen Ritt darf man allerdings nur als absolut erfahrener Surfer wagen.

*Eine erstaunliche Surferin ist **Bethany Hamilton** aus Hawaii. 2003 verlor die damals 13-Jährige bei einem Hai-Angriff ihren linken Arm. Nur vier Wochen nach dem Unfall stieg sie wieder aufs Brett und bestreitet seitdem erfolgreich Surfwettbewerbe.*

Zum Wellenreiten benötigt man nur ein Surfbrett, etwas Surfwachs und die sogenannte Leash. Das ist eine etwa zwei Meter lange Leine, mit der man das Surfbrett am Bein festbindet, damit es nicht verloren geht, wenn man vom Brett fällt. Bei niedrigeren Wassertemperaturen braucht man vielleicht noch einen Neoprenanzug. Zum Wellenreiter-Glück fehlen dann nur noch gute Wellen …

Bodyboards sind vor allem für Anfänger ideal. Im Gegensatz zum Surfbrett surft man auf diesen Kunststoffboards vor allem im Liegen. Bodyboards sind relativ preisgünstig und leicht zu transportieren. Bodysurfen funktioniert aber auch ohne Brett.

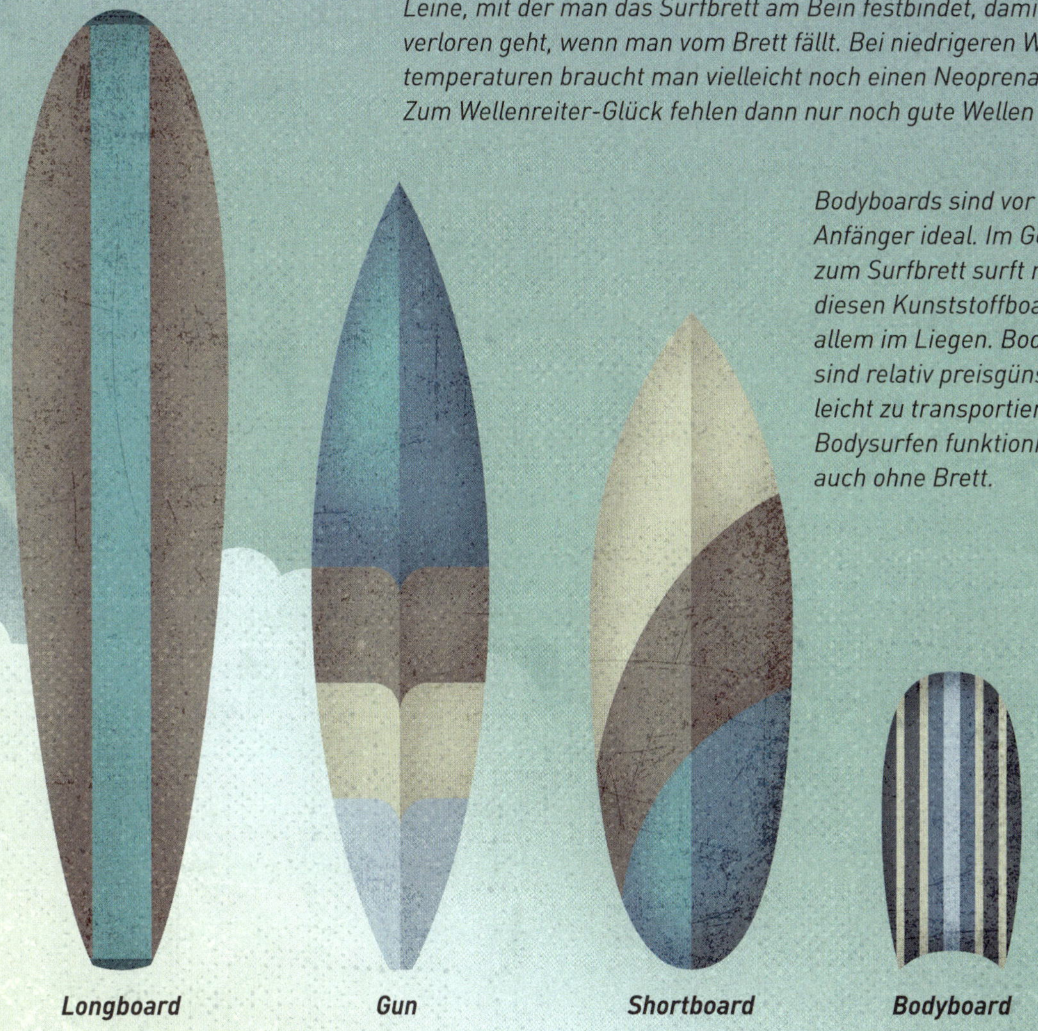

Surfbretter gibt es in verschiedenen Größen und Formen. Bis in die 1960er-Jahre war das Longboard das einzige Surfbrett-Modell. Dieses lange Brett ist für fast alle Wellen geeignet, aber nicht für Einsteiger. Typisch für Longboards ist die runde Spitze, man nennt sie Nase.

Der Ozeanriese

Von allen Tieren, die jemals auf unserem Planeten gelebt haben, ist der Blauwal wahrscheinlich das größte und schwerste Tier. Blauwale gehören zur Gruppe der Bartenwale. Anstatt Zähne haben diese Wale sogenannte Barten. Das sind längliche Hornplatten, die den Tieren vom Gaumen ins Maul hängen. Damit sieben sie ihr Futter, das hauptsächlich aus Plankton – pflanzliche und tierische Kleinstlebewesen – besteht, aus dem Wasser. Bis zu acht Tonnen davon futtert so ein Riese an einem Tag! Trotz seiner enormen Größe ist der Blauwal ein friedfertiger Geselle. Er selbst muss nur den Orca, auch bekannt als Killerwal, fürchten, der es manchmal auf seine Jungen abgesehen hat.

Wale sind Säugetiere, sie können unter Wasser nicht atmen. Deshalb müssen Blauwale alle zwei Minuten auftauchen, um Luft zu holen. Sie atmen dabei durch zwei »Nasenlöcher«, die beim Wal Blaslöcher heißen und auf der Oberseite ihres Kopfes liegen. So können diese Ozeanriesen gleichzeitig atmen und fressen, ohne dass Wasser in ihre Lungen gelangt.

Ein ausgewachsener männlicher Blauwal kann bis zu 33 m lang werden. Das entspricht der Länge von circa fünf hintereinanderstehenden Afrikanischen Elefanten.

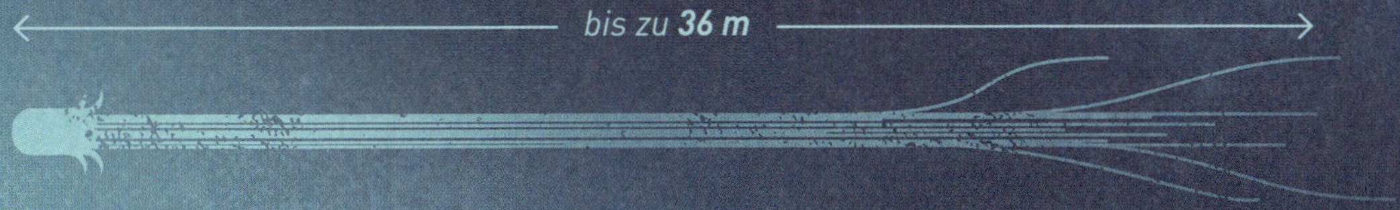

Die Gelbe Haarqualle kann mit ihren Tentakeln sogar noch länger werden.

Man würde mehr als 20 Elefanten benötigen, um einen einzelnen Blauwal aufzuwiegen.

Wusstest du, dass Blauwale bis zu **100 Jahre** alt werden können?

Wer singt denn da? Wale verständigen sich mithilfe von verschiedenen Melodien, die über Hunderte Kilometer im Wasser zu hören sind. Diese Art der Kommunikation, bei der Informationen über akustische Signale weitergegeben werden, nennt man Walgesang. Der Gesang von Zahnwalen besteht vor allem aus kurzen Klick- und Pfeiftönen, während langanhaltende Tonfolgen, die klassischerweise als Walgesang bekannt sind, eher Bartenwalen zuzuschreiben sind.

Nach einer Tragezeit von 9–16 Monaten – je nach Art – bekommen Wale ihre großen Babys im Meer. Die Kälber können sofort schwimmen. Nach der Geburt hilft Mama Wal dem Jungen an die Wasseroberfläche, damit es dort seinen ersten Atemzug machen kann.

Wale

Die Dinosaurier sind schon vor Millionen von Jahren ausgestorben, doch in den unendlichen Weiten und Tiefen der Ozeane sind auch heute noch beeindruckende Riesen zu Hause. Wir bewundern springende Buckelwale, singende Blauwale und tieftauchende Pottwale. Wenige Säugetiere faszinieren den Menschen so sehr wie Wale.

Wusstest du, dass bei Walen die Fluke – so nennt man seine Schwanzflosse – quer steht?

Ein Tag am Meer

Die Füße im Sand, das Rauschen der Wellen in den Ohren und der Blick aufs glitzernde Wasser gerichtet – so ein Tag am Meer ist für die meisten von uns ein traumhaftes Erlebnis. Manche teilen dieses Erlebnis gerne mit vielen anderen Menschen, dicht an dicht auf der Strandliege unterm Sonnenschirm. Andere nutzen den Strand für sportliche Aktivitäten und joggen im weichen, warmen Sand, surfen auf der nächsten schönen Welle. Wieder andere dösen einfach auf der Luftmatratze, dort, wo die Wellen an Land rollen. Es gibt aber auch Menschen, die wollen lieber allein sein und suchen sich einsame Buchten, um in der Stille zu entspannen und die Natur zu genießen.

Strände bestehen meistens aus bräunlichem oder hellem Sand. Wir sagen dann »weißer Sand« dazu. Es gibt aber auch Strände mit schwarzem oder rosa Sand. Am Papakolea Beach im US-Bundesstaat Hawaii kann man seine Füße sogar in grünen Sand stecken. Ähnlich wie an schwarzen Stränden ist hier ein Vulkan für die Verfärbung des Sandes verantwortlich.

Strandfunde

Durch die Meeresströmungen und Gezeiten werden allerlei Dinge vom Meer ans Ufer gespült. Aufmerksame Schatzsucher finden beim Strandspaziergang Muscheln und Schneckenhäuser, Krebspanzer und Seeigelschalen. Und natürlich Kieselsteine, die sich je nach Gesteinsart in Farbe und Muster unterscheiden. Die Wellen sorgen durch das ständige Hin- und Herbewegen der Steine für ihre rund geschliffene Form.

Das, was wir bei einem Strandspaziergang am Strand finden und als **Muscheln** bezeichnen, sind häufig nur die Schalen der Weichtiere. Diese Schalen bestehen meist aus zwei Klappen, die durch ein Scharnier – das sogenannte Schloss – verbunden sind und das Tier schützen.

Achtung! *Wer barfuß am Strand herumläuft, sollte auf zerbrochene Muscheln achten. Die können nämlich ganz schön spitz und scharf sein.*

Rettungsschwimmer

Was auch immer am Strand passiert: Rettungsschwimmer sind an Ort und Stelle und können helfen. Sie sind erstklassige Schwimmer und fit in Erster Hilfe. Die Gefahren auf dem Wasser können sie gut einschätzen. Damit sie an einem belebten Strand nicht den Überblick verlieren, schauen sie sich das Geschehen im Wasser meistens von einem Rettungsturm aus an. An manchen Stränden sind das kleine Häuschen auf Stelzen, an anderen Stränden reicht den Rettungsschwimmern schon eine Art Hochsitz, um alles im Blick zu haben.

Rettungsturm am Waikiki Beach in Honolulu, Hawaii, USA

Der Müther-Turm ist ein ehemaliger Rettungsturm in Binz auf der deutschen Insel Rügen. Seine futuristisch anmutende Form und den Namen verdankt der Turm dem Binzer Architekten Ulrich Müther. Nachdem der Turm nicht mehr als Rettungsturm genutzt wird, hat er eine andere Funktion erhalten: Mit unverstelltem Blick aufs Meer können sich dort Verliebte das Jawort geben und in den Hafen der Ehe einlaufen.

Haie

Sie sind die Nummer eins unter den Raubfischen und stehen an der Spitze der Nahrungskette. Das macht sie besonders wertvoll für das ökologische Gleichgewicht der Meere. Trotzdem genießt kaum eine Tierart einen derart schlechten Ruf wie Haie. Dabei sind Haie keine Fressmaschinen, die alles fressen, was ihnen vors Maul schwimmt. Sie ernähren sich vorwiegend von alten, schwachen oder kranken Tieren und sorgen dafür, dass sich die Beutetiere nicht unkontrolliert vermehren können. Weltweit gibt es ungefähr **500** verschiedene Haiarten.

Haie besitzen eine faszinierende Haut, die mit winzigen kleinen Zähnchen bedeckt ist. Würde man mit der Hand vom Kopf bis zum Schwanz eines Hais streichen, würde sie sich ganz glatt anfühlen. In der anderen Richtung hätte man das Gefühl, über ein scharfes Reibeisen zu streichen. Aber wer streichelt schon gern einen Hai? Die Beschaffenheit ihrer Haut und ihre torpedoförmigen Körper ermöglichen es Haien, sehr schnell zu schwimmen.

Die meisten Haie haben ein sogenanntes Revolvergebiss mit mehreren Reihen nachwachsender Zähne. Wenn sie zum Beispiel im Kampf Zähne verlieren, werden in der zweiten Reihe schon neue Zähne »nachgeladen«.

Wusstest du, dass pro Jahr etwa zehn Menschen durch Hai-Angriffe ums Leben kommen? Dagegen sterben pro Jahr weltweit ***25.000*** *Menschen durch Hundebisse und zirka* ***725.000*** *Menschen an den Folgen eines Mückenstichs.*

Der Weiße Hai

Für viele Leute ist der Weiße Hai das große Ungeheuer aus der Tiefe. Allein der Anblick seiner typischen sichelförmigen Schwanzflosse lässt die Menschen erschaudern.

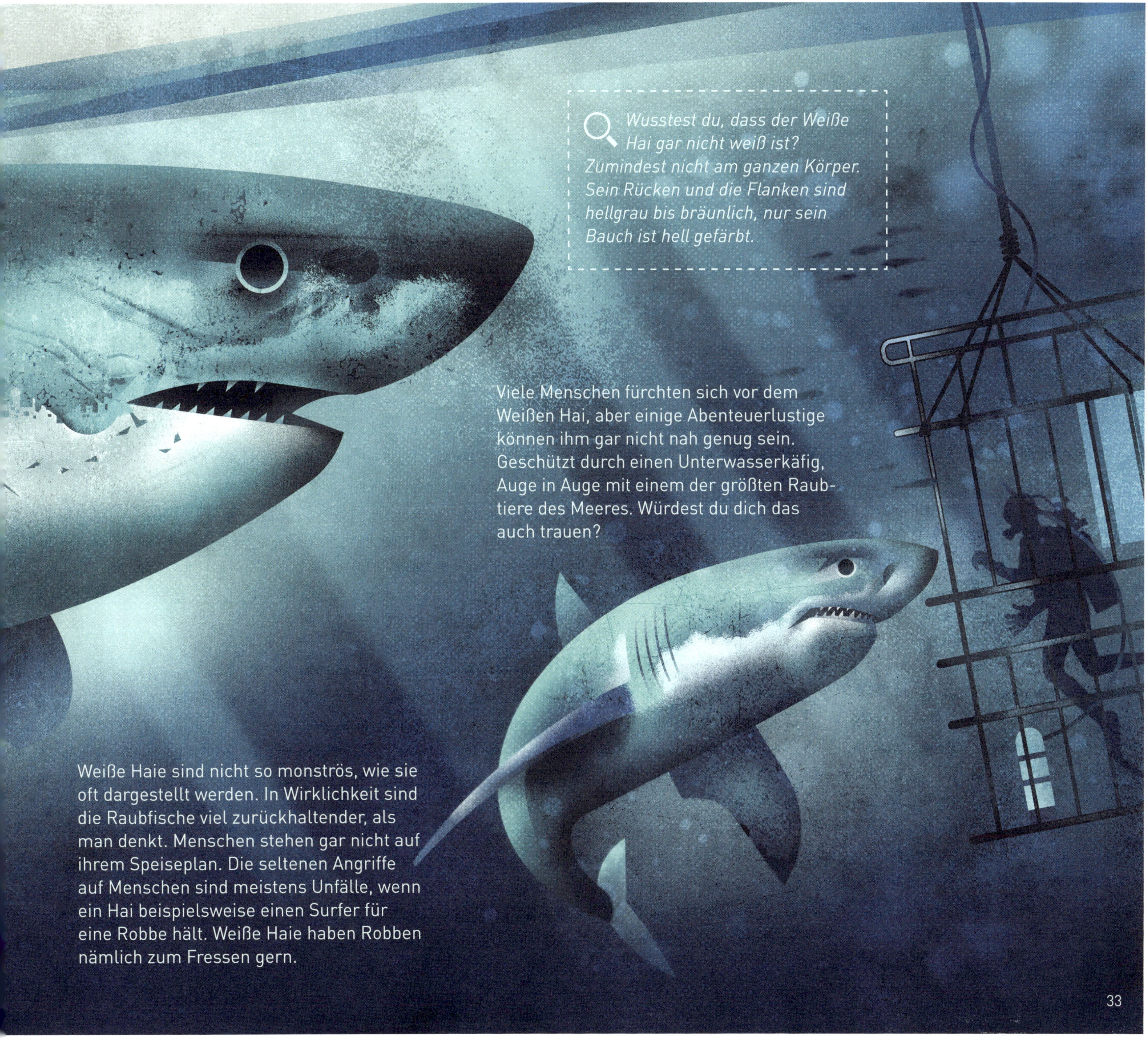

Wusstest du, dass der Weiße Hai gar nicht weiß ist? Zumindest nicht am ganzen Körper. Sein Rücken und die Flanken sind hellgrau bis bräunlich, nur sein Bauch ist hell gefärbt.

Viele Menschen fürchten sich vor dem Weißen Hai, aber einige Abenteuerlustige können ihm gar nicht nah genug sein. Geschützt durch einen Unterwasserkäfig, Auge in Auge mit einem der größten Raubtiere des Meeres. Würdest du dich das auch trauen?

Weiße Haie sind nicht so monströs, wie sie oft dargestellt werden. In Wirklichkeit sind die Raubfische viel zurückhaltender, als man denkt. Menschen stehen gar nicht auf ihrem Speiseplan. Die seltenen Angriffe auf Menschen sind meistens Unfälle, wenn ein Hai beispielsweise einen Surfer für eine Robbe hält. Weiße Haie haben Robben nämlich zum Fressen gern.

Tauchen

Unter Wasser läuft vieles anders ab als in unserem gewohnten Lebensraum. Wir können zum Beispiel nicht natürlich atmen, und auch die Fortbewegung stellt uns vor Probleme. Um aber trotzdem einzutauchen in diese verborgene, faszinierende Welt der Meere, hat sich der Mensch einiges einfallen lassen und Hilfsmittel entwickelt. Damit auch wir uns wie Fische im Wasser fühlen dürfen.

Zum **Schnorcheln** braucht man eigentlich nur eine Taucherbrille mit einem Schnorchel, vielleicht noch ein Paar Flossen – und los geht's! Mit wenigen Mitteln kann man so schon in Strandnähe eine aufregende andere Welt entdecken.

Das **Tauchen** mit Sauerstoffflasche ist etwas aufwendiger. Man muss erst lernen, unter Wasser richtig zu atmen, zu schwimmen und sich zu verständigen. Dann bekommt man einen Tauchschein und darf tauchen. Mit der richtigen Ausrüstung und etwas Erfahrung kann man größere Tiefen erforschen.

Taucheranzug
»Mark V«

Die ersten Taucheranzüge wurden bereits vor ungefähr 300 Jahren konstruiert. Am Anfang waren sie sehr schwer und klobig, um dem Wasserdruck standhalten zu können. Taucher konnten sich darin nur stark eingeschränkt bewegen. Die Atemluft wurde in frühen Modellen noch über Schläuche von oben zugeführt. Die Anzüge wurden ständig weiterentwickelt und mit den Jahren immer raffinierter.

Eine der ursprünglichsten Formen des Tauchens, das **Apnoe-** oder **Freitauchen**, bezeichnet das Tauchen mit nur einem Atemzug. Früher nutzten die Menschen das Freitauchen, um Meeresfrüchte, Schwämme und Perlen zu sammeln oder Fische mit Speeren zu jagen. Heute treffen sich Apnoetaucher aus der ganzen Welt zu Wettbewerben. Wer kann mit einem einzigen Atemzug am längsten und am tiefsten tauchen? Es grenzt fast schon an ein Wunder, wie es manche Taucher schaffen, die Luft zirka 10 Minuten lang anzuhalten oder mit nur einem Atemzug zirka 100 m tief zu tauchen.

Die Meereszonen

>> Das **Epipelagial** geht bis **200 m** Tiefe. Der Lichteinfall ist in dieser Zone am höchsten. Hier findet man die größte Artenvielfalt des gesamten Meeres.

>> Das **Mesopelagial**, die sogenannte Dämmerungszone, verläuft bis zu **1.000 m** Tiefe. Nur noch wenige Lichtstrahlen schaffen es bis hier hinunter. Pflanzen gibt es keine mehr.

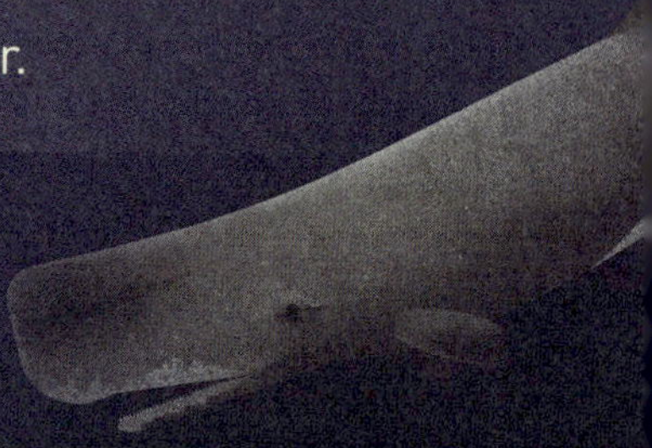

>> Das **Bathypelagial**, die Mitternachtszone, befindet sich zwischen **1.000** und **4.000 m** Tiefe. Hier leben unter anderem Seesterne, große Wale, Kraken und Kalmare.

>> Das **Abyssopelagial**, »die bodenlose Tiefe«, reicht bis in eine Tiefe von **6.000 m**. Die Wassertemperatur beträgt nur wenig mehr als null Grad, hier lebt unter anderem der Tiefsee-Anglerfisch.

>> Das **Hadopelagial**, die tiefste Zone im Mariannengraben im Pazifik, liegt **11.034 m** unter dem Meeresspiegel. Hier leben zum Beispiel Borstenwürmer.

Die Tiefsee

Es ist bitterkalt dort unten und stockfinster. Der größte und bis heute am wenigsten erforschte Lebensraum unseres Planeten ist für uns Menschen ein lebensfeindlicher Ort. Der Wasserdruck in der Tiefsee ist so hoch, dass nur bestimmte Tiere überleben können. Manche Lebewesen haben besondere Fähigkeiten, um sich diesem Druck anzupassen. Was sich aber wirklich in der Tiefsee abspielt, bleibt uns oft verborgen. Wissenschaftler auf der ganzen Welt wollen das Geheimnis der Tiefsee lüften, doch das ist extrem aufwendig, denn sie brauchen spezielle Tiefsee-U-Boote oder unbemannte Tauchroboter, um in die extremen Meerestiefen zu gelangen.

Beim Anblick dieses gruseligen Gesellen bekommt man es mit der Angst zu tun. Das skurrile Wesen mit der Laterne auf dem Kopf ist ein **Tiefsee-Anglerfisch**. Er nutzt seine leuchtende »Angelrute« unter anderem, um kleine Fische vor sein riesiges Maul zu locken. Auch zur Tarnung oder zum Liebesspiel knipst der Anglerfisch gerne seine Lampe an.

Der Riesenkalmar

Kalmare gehören zu den Zehnarmigen Tintenfischen und haben einen keilförmigen Körper. Es gibt über 250 Arten, von winzigen, gerade mal 20 mm großen Zwergtintenfischen bis zum sagenumwobenen Riesenkalmar. Diese Kolosse leben in der Dämmerungszone und sind bis heute noch nicht restlos erforscht. Es ranken sich viele Mythen und Geschichten um die rätselhaften Tiere. Vor dem gefährlichen Räuber mit seinen mit Saugnäpfen bedeckten Tentakeln sei kein Schiff auf dieser Welt sicher, sagten die Seeleute in früheren Zeiten. Auch wenn man das getrost als Seemannsgarn bezeichnen kann, gehören Riesenkalmare wohl zu den beeindruckendsten Meeresbewohnern der Welt.

Krake

Kraken sind eine Teilgruppe der Achtarmigen Tintenfische und gehören – ebenso wie die Kalmare – zur Klasse der Kopffüßer. Denn ihre Füße, oder besser gesagt, ihre Fangarme, setzen direkt am Kopf an. Die Fangarme der intelligenten Tiere besitzen Saugnäpfe, die in zwei Reihen angeordnet sind. Kraken gehören zu den ältesten Lebewesen der Erde und schwimmen bereits seit 550 Millionen Jahren durch die Ozeane.

Wusstest du, dass Kraken drei Herzen haben? Das Hauptherz ist für Gehirn und Körper zuständig, die zwei Kiemenherzen kümmern sich um die Atmung.

Tasmanische Riesenkrabbe
Diese sehr große Krabbenart lebt in den Küstengebieten Südaustraliens. Bei männlichen Exemplaren ist eine der beiden Scheren besonders überdimensioniert. Oft ist sie größer als der gesamte Schalenkörper. Tasmanische Riesenkrabben legen bis zu 2 Millionen Eier pro Jahr und werden bis zu 80 Jahre alt.

Harte Schale, weicher Kern

Auf der Erde gibt es über 50.000 verschiedene Krebstierarten. Sie gehören zu den Gliederfüßern und unterscheiden sich im Aussehen, in der Größe und auch in ihrem Verhalten. Einige Krebstiere wie der Flohkrebs sind so winzig, dass man sie mit bloßem Auge kaum erkennen kann. Andere, wie die hier abgebildeten Krebstierarten, können dagegen enorme Ausmaße haben. Krebse sind bis auf wenige Ausnahmen im Wasser zu finden. Die auf dem Land lebenden Arten bewegen sich seitwärts im sogenannten Krebsgang. Das ist für eine Krabbe die schnellste Fortbewegungsmethode.

Japanische Riesenkrabbe
In ihrer Heimat im Pazifik rund um Japan nennt man diesen Gliederfüßer »Takaashigani«. Das heißt übersetzt »langbeinige Krabbe«. Mit ihren extrem langen Beinen misst sie ausgestreckt bis zu 3,7 m und ist damit die größte Krebsart der Welt. Japanische Riesenkrabben sind Allesfresser. Auf ihrem Speiseplan stehen Fische, Weichtiere, Pflanzen und Aas.

Riesenassel
Jeder hat wahrscheinlich schon mal eine Assel gesehen. Eine Kellerassel zum Beispiel. Dieses kleine Wesen gehört nicht gerade zu den Lieblingstieren der Menschen und wird meist als Ungeziefer angesehen. Riesenasseln dagegen sind wahre Tiefseemonster. Sie gehören zur Klasse der Höheren Krebse und werden bis zu 45 cm groß.

Fangschreckenkrebs
Diese Krebstierart lebt meist als Einzelgänger in tropischen Meeren und macht am Boden bevorzugt Jagd auf Schnecken, Krabben, Weichtiere, Austern und Fische. Dabei schleudert der Krebs seine Fangarme mit der Wucht einer Pistolenkugel gegen seine Opfer. So schnell, wie er seine Fangarme bewegt, bewegt sich kein anderes Tier im Meer.

Für immer in der Schule. Was für uns Menschen keine erfreuliche Vorstellung wäre, ist für Delfine völlig normal. Schulen heißen nämlich die Gruppen, in denen Delfine zusammenleben. 100 Tiere oder mehr können zu so einer Schule gehören.

Delfine

Diese cleveren Meeressäuger mag jede und jeder. Sie sehen einfach nett und freundlich aus mit ihrem einnehmenden »Lächeln«. Bei aller Sympathie darf man jedoch nicht vergessen, dass die geselligen Tiere zur Gruppe der Raubtiere gehören. Auch der bis zu 8 m lange Schwertwal ist eigentlich eine Delfinart. Schwertwale verspeisen gerne mal eine Robbe oder sogar kleine Wale. Kleinere Delfine begnügen sich dagegen mit Fisch und Weichtieren wie Kalmaren. Die Beute wird dabei meist in einem Happen verspeist. Delfine tummeln sich in allen Weltmeeren. Man findet sie an den Küsten genauso wie in der Hochsee. Es gibt aber auch Flussdelfine.

Robben

Alle Meeressäugetiere stammen von Landtieren ab. Die ältesten von ihnen sind die Wale. Während aber Wale und Seekühe ihre Fähigkeiten verloren haben, an Land zu leben, können sich Robben sowohl im Wasser als auch an Land fortbewegen. Auch wenn die Namen einiger Robben sehr an andere Vertreter aus dem Tierreich erinnern – mit Elefanten, Bären, Hunden oder Rössern haben diese Tiere aber bis auf bestimmte äußerliche Merkmale nicht viel gemeinsam. Insgesamt gibt es 34 verschiedene Robbenarten. Sie sind in fast allen Weltmeeren zu Hause.

Robben haben einen torpedoförmigen Körper. Der Kopf geht über ihren dicken Hals scheinbar direkt in den Körper der Tiere über. Die Gliedmaßen der Robben sind bis zum Ellbogen beziehungsweise bis zum Knie in ihren Körper eingebettet und somit perfekt gestaltet für geschmeidige Tauchexpeditionen.

Der am Nordpol beheimatete **Eisbär** wird eher als Landtier wahrgenommen. Tatsächlich hat sich dieses größte lebende Landraubtier der Welt auch an den Lebensraum Meer so gut angepasst, dass man ihn als Meeressäugetier bezeichnen kann. Eisbären sind hervorragende Schwimmer und können tagelang durch das eiskalte arktische Wasser schwimmen. Neben Haien und Schwertwalen gilt der weiße Riese als einer der Hauptfressfeinde der Robben.

Die richtig großen Schiffe transportieren in der Regel Güter von Hafen zu Hafen. Auf Kreuzfahrten werden jedoch nur Menschen transportiert. Für diese Reisenden ist die Fahrt auf dem Schiff schon das eigentliche Ziel. Kreuzfahrtschiffe werden immer größer. Manche sind so groß wie eine Kleinstadt und haben mehrere Restaurants, Kinos, Swimmingpools, Einkaufszentren und Fitnessstudios.

Als erster reiner Kreuzfahrtdampfer gilt die ***Prinzessin Victoria Luise****, die 1900 bei Blohm & Voss vom Stapel lief und im Dezember 1906 südlich von Jamaika auf die Uferfelsen prallte und Totalschaden erlitt. Die Passagiere konnten gerettet werden.*

Schiffe

Da die Menschen seit eh und je Probleme damit haben, über Wasser zu gehen, haben sie sich schon vor Jahrtausenden die passenden Fortbewegungsmittel einfallen lassen, um über das Meer zu reisen: Schiffe und Boote. Der erste Bootstyp, der von Menschenhand gebaut wurde, war vermutlich ein Einbaum. Für diese wackeligen, schmalen Boote wurden Baumstämme ausgehöhlt und ausgebrannt. Um sich aber wirklich aufs Meer zu trauen, bauten die Menschen größere Schiffe mit Segel oder später mit Motor. Heute gibt es eine große Anzahl von Schiffstypen für alle Gelegenheiten: kleine Jollen und große Angeber-Yachten, Fischkutter, Schaufelraddampfer und Motorschiffe, Tank- und Containerschiffe und viele mehr.

Der Hafen

Jedes Schiff braucht einen Hafen, in dem es nach oft langer Fahrt anlegen kann, be- und entladen wird und bei Bedarf auch repariert und mit Treibstoff befüllt werden kann. Es gibt die unterschiedlichsten Hafentypen: Yachthäfen für die schicken Luxusboote, die an Flüssen und Seen gelegenen Binnenhäfen, Passagierhäfen zum Anlegen von Kreuzfahrtschiffen, Fischereihäfen oder Containerhäfen für die ganz großen Transportschiffe. In einer Werft werden Schiffe gebaut und repariert.

Häfen gibt es in allen möglichen Größen, vom winzigen Bootshafen bis zur riesigen Hafenanlage, in der im Jahr mehrere Millionen Tonnen an Gütern umgeschlagen werden.

Um ein Schiff auf dem Grund festzumachen, benötigt man einen eisernen oder stählernen Anker, der durch ein Tau oder eine Kette mit dem Schiff verbunden ist. Deshalb nennt man das Anlegen eines Schiffes im Hafen auch »vor Anker gehen«.

Leuchttürme

Schon zu Beginn der Seefahrt wurde mithilfe von offenen Feuern versucht, Fischern und Seeleuten auch nachts den Weg in den sicheren Hafen zu weisen. An gefährlichen oder wichtigen Standorten wurden Leuchttürme errichtet, in deren Spitze sich das Feuer befand. So konnten Seefahrer noch früher gewarnt werden. Das Leuchtfeuer, das die noch aktiven Leuchttürme aus dem Laternenraum ausstrahlen, wird heute natürlich elektronisch erzeugt. Viele Leuchttürme sind inzwischen abgeschaltet und stehen leer. Manche sind zur Touristenattraktion geworden und werden zum Beispiel als Museum genutzt. Heute kann sich die Schifffahrt zusätzlich zum Leuchtfeuer auf Satellitenunterstützung und modernste Technik verlassen.

Leuchttürme gibt es in den unterschiedlichsten Formen und Farben. Wichtig ist, dass sich die Türme von ihrer Umgebung abheben.

Wusstest du, dass die Freiheitsstatue in New York bis 1901 ebenfalls als Leuchtturm genutzt wurde?

Eine gefährliche Wettererscheinung über der See und an der Küste ist der **Seenebel**. Besonders vom Winterhalbjahr bis zum Frühsommer, aber auch zu den übrigen Jahreszeiten, ist mit Nebel zu rechnen. Seenebel entsteht durch Temperaturunterschiede: Er bildet sich vor allem, wenn warme, feuchte Luft über das kühlere Wasser herangeführt wird.

Seevögel

Wer vom Strand aus übers Meer blickt, sieht meistens Vögel. Vor allem Möwen kennt eigentlich jeder. Aber kennst du den Blaufußtölpel oder die Trottellumme? Auf den Ozeanen in der ganzen Welt kommen etwa 300 Seevogelarten vor. Manche halten sich nur in Küstennähe auf, andere wie Basstölpel oder Albatrosse findet man vor allem auf hoher See.

Der Albatros *ist der Vogel mit der größten Flügelspannweite der Welt. Sie kann – gemessen bei ausgebreiteten Flügeln von der einen Flügelspitze zur anderen – bei den großen Albatrosarten wie dem Wanderalbatros oder dem Königsalbatros bis zu 3,5 m betragen. Mit ihren langen, schlanken Flügeln können die Tiere damit Hunderte von Kilometern durch die Luft gleiten, ohne auch nur einen einzigen Flügelschlag ausführen zu müssen.*

Kormorane sind hervorragende Schwimmer. Auf der Jagd nach Fischen fliegen die flinken Vögel direkt über der Wasseroberfläche und können so blitzschnell nach ihrer Beute tauchen.

Arbeiten auf dem Meer

Endlich Urlaub, ab ans Meer! Faul am Strand herumliegen und lesen, baden oder schnorcheln, das finden alle toll. Für viele Menschen ist das Leben am oder auf dem Meer jedoch mehr als ein Ferientraum. Das Meer bietet den Menschen nämlich nicht nur Spaß und Erholung, sondern auch besondere und interessante Arbeitsplätze. Wer Wasser liebt und Wind und Wetter nicht scheut, findet vielleicht Gefallen an diesen Berufen.

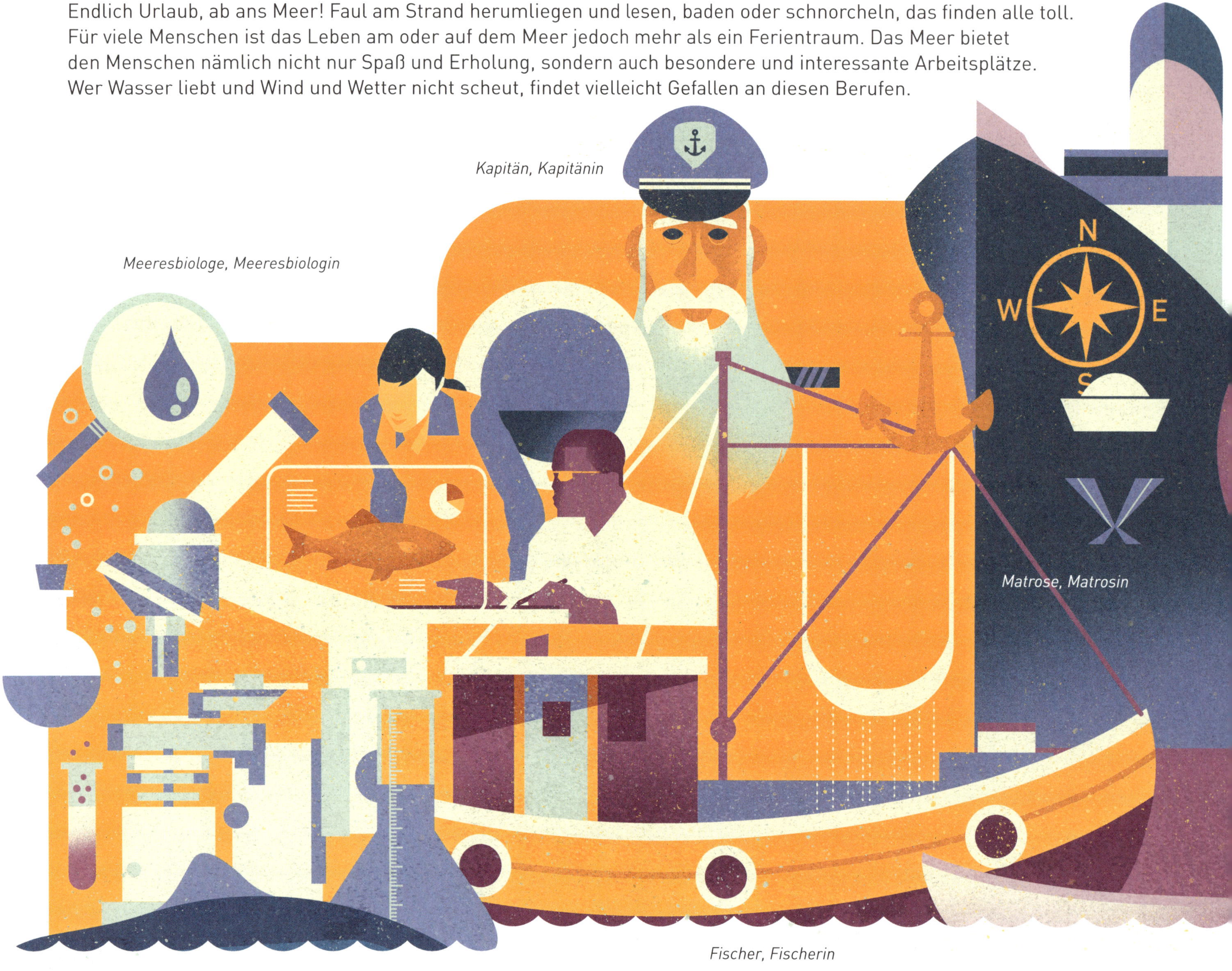

Profisurfer, Profisurferin
Seenotretter, Seenotretterin
Tauchlehrer, Tauchlehrerin

Walhaie fressen vor allem Kleinstlebewesen, die man Plankton nennt. Makrelen und kleine Fische stehen aber auch auf dem Speiseplan.

Der Walhai

Wal oder Hai? Was ist der Walhai denn nun genau? Tatsächlich handelt es sich bei diesem eleganten Geschöpf um einen Hai. Mit bis zu **15 m** Länge ist er der größte Fisch der Welt. Walhaie kommen rund um den Globus in allen tropischen und subtropischen Meeren vor. Die eckige Kopfform und die weißen Punkte und Streifen auf dem Rücken sind charakteristisch für diese Tiere. Außerdem sind Walhaie echte Dickhäuter. Ihre Haut ist bis zu **15 cm** dick. Das ist einsamer Rekord im Reich der Fische.

Eine Begegnung mit ihm ist der Traum vieler Taucher und Schnorchler. Wer einmal mit dieser majestätischen Kreatur Seite an Seite im offenen Meer geschwommen ist, wird dieses Erlebnis wohl nicht so schnell vergessen. Auch wenn die sanften Riesen harmlos sind, sollte man ihnen Respekt zollen, ihnen nicht zu nahekommen und sie vor allem nicht berühren.

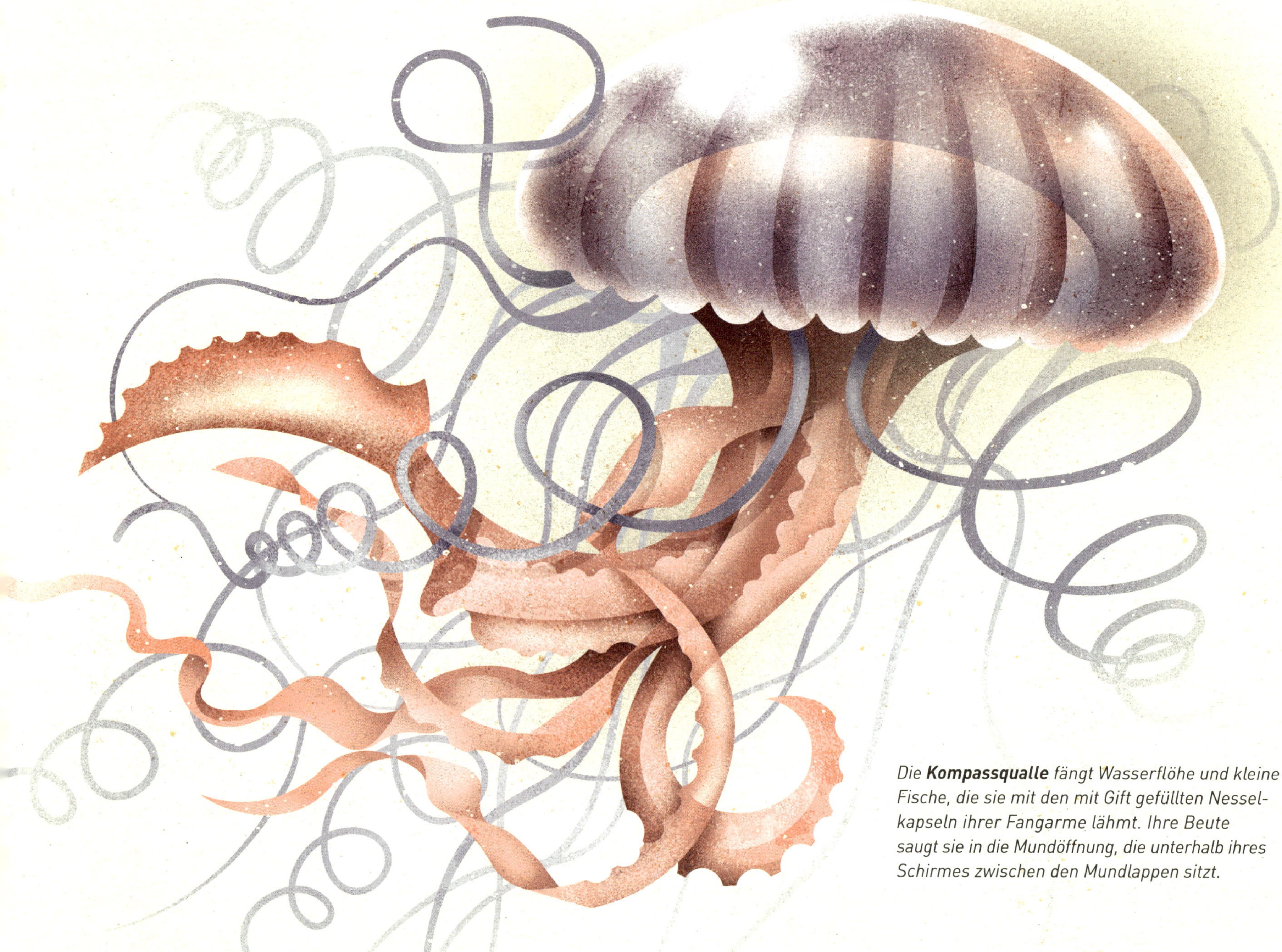

*Die **Kompassqualle** fängt Wasserflöhe und kleine Fische, die sie mit den mit Gift gefüllten Nesselkapseln ihrer Fangarme lähmt. Ihre Beute saugt sie in die Mundöffnung, die unterhalb ihres Schirmes zwischen den Mundlappen sitzt.*

Quallen

Sind das nicht diese komischen blassen Glibberdinger, die aussehen wie Plastiktüten, in die man auf gar keinen Fall reintreten sollte? Quallen sind sehr interessante Lebewesen, die in bunter Vielfalt durch die Weltmeere schweben. Ihre Fortbewegung funktioniert über das sogenannte Rückstoßprinzip. Mit ihrem Schirm saugen Quallen Wasser auf und stoßen es durch Zusammenziehen des Schirmes wieder aus. Einige Quallenarten sind hochgiftig. Besonders gefürchtet ist die in Australien beheimatete Seewespe, deren Gift auch Menschen töten kann.

Portugiesische
Galeere
Gelbe Haarqualle
Gepunktete
Wurzelmundqualle
Ohrenqualle
Spiegeleiqualle

Das Salz und der Heilschlamm aus dem Toten Meer sind besonders gut für die Haut. Beim Baden muss aber unbedingt vermieden werden, Wasser in größeren Mengen zu schlucken. Durch den hohen Salz- und Mineralgehalt kann es sonst zu schweren Verletzungen im Körper kommen.

Das Tote Meer

Streng genommen, ist das Tote Meer gar kein Meer, sondern ein Salzsee, der an Jordanien, Israel und das Westjordanland grenzt und **428 m** unter dem Meeresspiegel liegt. Mit dem Fluss Jordan fließt zwar Süßwasser in den See, aber es gibt keinen Ablauf, damit ist das Tote Meer auch nicht mit anderen Meeren verbunden. Das Wasser dieses Sees ist zehnmal salziger als Meerwasser im Allgemeinen, weshalb bis auf wenige Algen und Bakterien kaum Leben im Toten Meer existiert. Weil das Tote Meer in einer Gegend liegt, in der es sehr heiß ist und das Wasser schneller verdunstet, als es durch den Fluss nachfließen kann, schrumpft der See von Jahr zu Jahr. Experten befürchten, dass er in naher Zukunft sogar ganz austrocknen könnte.

Die meisten Menschen, die nach Israel oder Jordanien reisen, haben es auf ihrer Liste von Dingen, die sie unbedingt machen möchten: einmal im Toten Meer baden und dabei ein Buch oder eine Zeitschrift lesen. Der Salzgehalt des Wassers im Toten Meer liegt bei mehr als **30 %** und lässt Badende entspannt auf dem Wasser schweben.

Rochen

Platt wie eine Flunder und doch sehr elegant gleiten Rochen durch fast alle Meere unseres Planeten. Es gibt über **600** verschiedene Arten. Typisch für alle Rochen ist der flache Körper, in manchen Dingen aber unterscheiden sie sich sehr voneinander. Es gibt harmlose und giftige Rochen und sogar elektrisch aufgeladene Rochenarten beispielsweise den Zitterrochen. Rochen gehören wie Haie zur Klasse der Knorpelfische. Beim Großen Geigenrochen scheint es sogar, als würden zwei Tiere in einem stecken: Er sieht nämlich vorne aus wie ein Rochen und hinten wie ein Hai.

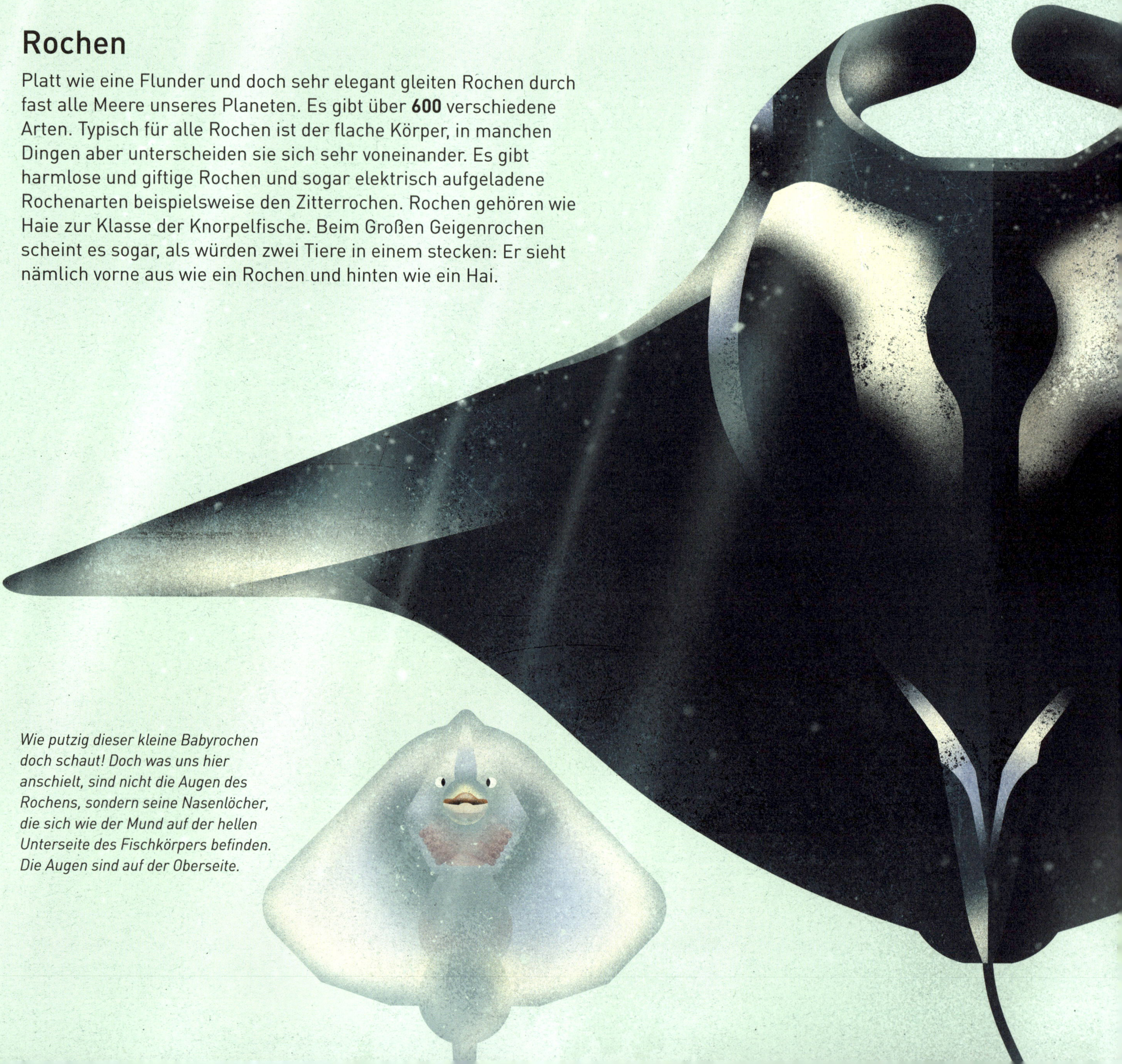

Wie putzig dieser kleine Babyrochen doch schaut! Doch was uns hier anschielt, sind nicht die Augen des Rochens, sondern seine Nasenlöcher, die sich wie der Mund auf der hellen Unterseite des Fischkörpers befinden. Die Augen sind auf der Oberseite.

Riesenmantas haben mit einer Spannweite von bis zu **7 m** zwar eine beeindruckende Größe, aber die gelassenen Einzelgänger schweben lieber lautlos und friedlich durch die Meere und fressen Plankton, anstatt Ärger zu machen. Sie sind so gelassen, dass sie sich nicht einmal selbst putzen. Das übernehmen die Schiffshalterfische, die an die riesigen Tiere andocken und sie von Parasiten befreien.

Der **Adlerrochen** verdankt seinen Namen seiner Schwimmweise. Die Bewegungen der breiten Schwimmflossen erinnern an die Flügelschläge eines Adlers.

Großer Geigenrochen

Stechrochen besitzen einen langen, peitschenartigen Schwanz mit giftigem Stachel. Damit verteidigen sie sich gegen ihre Feinde. Taucher sollten deshalb lieber etwas Abstand zu diesen Tieren halten.

»Wenn bei Capri die rote Sonne im Meer versinkt« heißt es in einem bekannten Lied. Auch wenn es abends am Strand so aussieht, als würde die Sonne ins Meer plumpsen, wissen wir natürlich, dass sie nicht wirklich untergeht. Die Sonne bewegt sich nicht, sondern nur der Betrachter, der aufgrund der Erdrotation die Tag-Nacht-Grenze überschreitet.

Die Südsee

Für viele Reisende gelten die südpazifischen Inseln Polynesiens als das Wirklichkeit gewordene Paradies auf Erden. Wer denkt bei Namen wie Tahiti, Bora Bora oder Fidschi nicht sogleich an puderweiße Strände, wehende Palmen und das sanfte Rauschen des Ozeans? Polynesien mit seinen vielen Inselgruppen erstreckt sich von den nördlichen Hawaii-Inseln nach Neuseeland im Südwesten bis zur Osterinsel im Südosten.

Die Angehörigen der indigenen Bevölkerung Neuseelands werden als Maori bezeichnet. Von den Polynesischen Inseln kommend, besiedelten sie Neuseeland ab dem 13. Jahrhundert. Viele von ihnen tragen eine aufwendige dauerhafte Körper- und Gesichtsverzierung. Diese Tätowierungen sind für ihre Träger aber mehr als nur ein Körperschmuck. Jedes einzelne Motiv hat eine besondere Bedeutung. Die individuellen Muster der Tattoos erzählen Geschichten und beschreiben, was ihrem Träger wichtig ist. Es ist eine sehr persönliche Erinnerung an die eigene Herkunft.

Wusstest du, dass **Lederschildkröten** keinen Rückenschild wie andere Schildkrötenarten besitzen? Sie werden geschützt von einem Knochenpanzer, der von einer derben, lederartigen Haut überzogen ist.

Meeresschildkröten

Vor rund 200 Millionen Jahren haben sich Meeresschildkröten aus den Landschildkröten entwickelt und sich perfekt an das Leben im Wasser angepasst. Elegant paddeln die durch einen Panzer geschützten Reptilien durch tropische und subtropische Meere. Ihre Panzer sind im Vergleich zu denen der Landschildkröten relativ flach. Dadurch sind die stromlinienförmigen Tiere sehr flinke Schwimmer. Der Nachteil dieses Körperbaus ist aber, dass Meeresschildkröten ihren Kopf bei Gefahr nicht einziehen können.

Meeresschildkröten-Weibchen finden immer an den Strand ihrer Geburt zurück. Einmal im Jahr kommen sie an Land, um dort ihre weichschaligen Eier abzulegen und zu vergraben. Sind die Jungtiere erst einmal geschlüpft, heißt es sofort: ab ins Wasser und Schutz suchen vor möglichen Fressfeinden.

Grüne Meeresschildkröte
Unechte Karettschildkröte

Der **Mondfisch** besitzt weder Bauchflossen noch eine Schwimmblase. Zur Fortbewegung dienen ihm lediglich die Afterflosse und eine auffallend große Rückenflosse.

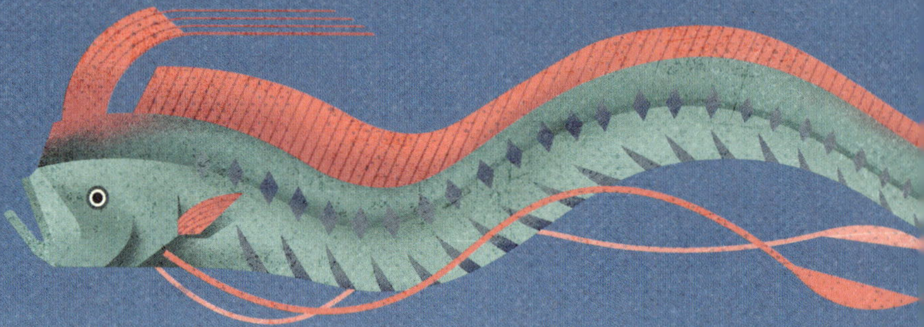

Bei diesem selten gesichteten, merkwürdigen Tier handelt es sich um einen **Riemenfisch**, diese schlangenförmigen Fische werden bis zu 17 m lang. Riemenfische sind noch nicht gut erforscht. Bekannt ist, dass Riemenfische Teile ihres Körpers selbst amputieren, wenn sie nicht ausreichend Nahrung finden.

Häschenschnecke

Ein Unterwasserhase? Wo gibt's denn so was? Natürlich handelt es sich bei diesen possierlichen Tierchen nicht um flauschige Tiefsee-Mümmelmänner, sondern um eine Nacktschneckenart. Die lustig abstehenden »Ohren« sind ihre Fühler.

Die wahrscheinlich größte Klappe im Fischreich hat der **Riesenhai**. Er ernährt sich hauptsächlich von Plankton. Mit weit geöffnetem Riesenmaul ist er unterwegs, sodass das Wasser durch seine Kiemen strömen kann. Pro Stunde filtert der Riesenhai bis zu **1.800 Tonnen** Wasser.

Der **Blobfisch** ist gewiss keine Schönheit. Er wurde 2013 von Wissenschaftlern sogar zum hässlichsten Tier der Welt gekürt. Wenn der fast muskellose Fisch bewegungslos auf dem Meeresboden nach Beute Ausschau hält, erinnert er tatsächlich eher an einen Wackelpudding mit Nase als an einen Fisch.

Den **Trompetenfisch** bitte nicht mit dem Flötenfisch verwechseln! Den gibt es nämlich auch.

Seesterne gehören nicht gerade zu den klügsten Tieren, sie haben nämlich kein Gehirn. Dafür haben die meisten der rund **1.600** Seesternarten fünf Arme.

Auch wenn sie aussehen wie kleine Unterwasser-Fohlen, zählen **Seepferdchen** zu den Fischen. Ein besonderes Merkmal der zierlichen Tierchen ist ihr langer Greifschwanz. Seepferdchen gehören außerdem zu den wenigen Tierarten der Welt, bei denen die Männchen den Nachwuchs bekommen.

Der **Europäische Hausen** oder **Belugastör** gilt neben dem Mondfisch als einer der größten Knochenfische.

Handfische sind Verwandte der Anglerfische.

Wie aus einer anderen Welt

Die Ozeane beheimaten die skurrilsten Kreaturen. Fische, die aussehen wie kleine Pferde oder Musikinstrumente, Krebse, die an Aliens erinnern. Manche Wesen sind fast zu schräg oder auch zu hässlich, um wahr zu sein. Doch es gibt sie wirklich: Mondfische, Riesenhaie und Konsorten.

Seedrache

Drachen – es gibt sie also wirklich. Doch dieser Drache fliegt weder über mittelalterliche Burgen, noch speit er Feuer. Mit einer Gesamtlänge von gerade einmal **45 cm** fällt er auch eher klein aus. Scheinbar schwerelos bewegt sich diese sonderbare Erscheinung sowohl vorwärts als auch rückwärts durch die Küstengewässer Südaustraliens. Wegen der blätterartigen Hautlappen, die an seinem Körper hängen, nennt man den Seedrachen auch **Fetzenfisch**. Fetzenfische gehören zur Familie der Seenadeln und sind Verwandte des Seepferdchens. Die Ähnlichkeit ist nicht zu übersehen.

Wusstest du, dass der Kleine Fetzenfisch größer ist als der Große Fetzenfisch?

Gut getarnt, wiegt der Fetzenfisch seine Zotteln im Rhythmus des Seegrases und wartet auf Beute. Sobald ein Leckerbissen an ihm vorbeischwimmt, saugt er diesen einfach mit seiner röhrenartigen Schnauze ein.

Die Muräne

Wenn man beobachtet, wie eine Muräne aus ihrer kalten Höhle schnellt, mit ihren stechenden Augen und dem aufgerissenen Maul, dann kann einem ein kalter Schauer über den Rücken laufen. Doch der erste Eindruck täuscht. Muränen können nicht gut sehen, und das ständige Klappern mit den spitzen Zähnen dient einzig und allein der besseren Sauerstoffzufuhr. Dafür haben die aalartigen Raubfische einen ausgezeichneten Geruchssinn. Wenn also ein lecker duftendes Beutetier an ihrem Versteck vorbeischwimmt, schießen sie hervor und schnappen zu. Frische Beute ist Muränen am liebsten, doch sie geben sich auch mit Aas zufrieden.

Wusstest du, dass Muränen echte Stubenhocker sind? Die Einzelgänger halten sich fast den ganzen Tag in Höhlen oder Spalten versteckt. Hin und wieder schwimmen sie aber auch frei umher.

Riesenmuränen können bis zu **3 m** lang werden und bringen ein Körpergewicht von bis zu **30 kg** auf die Waage. *Auch wenn die nachtaktiven Jäger angsteinflößend aussehen, sind sie Menschen gegenüber nicht aggressiv und eher zahm. Es sei denn, sie fühlen sich in die Enge getrieben. Dann beißen sie schon mal zu. Das kräftige Gebiss einer Muräne kann schmerzhafte Wunden verursachen, die sich entzünden können und nur schlecht verheilen.*

Korallen

Man findet sie in allen Weltmeeren, diese wunderschönen Unterwasserblumen, die in Wirklichkeit gar keine Pflanzen sind, sondern Tiere. Sie kommen in den kalten Gewässern Norwegens genauso vor wie in der warmen Südsee. Während ihre Verwandten aus dem Süden im sonnendurchfluteten Flachwasser leben, findet man Kaltwasserkorallen vor allem in der Tiefsee. Das Besondere an diesen kleinen Meerestieren ist, dass sie sich nicht bewegen können. Ihr ganzes Leben lang haften sie in großen Kolonien an der gleichen Stelle. Korallenriffe beherbergen eine Großzahl an Meereslebewesen. Die Tiere leben in ihnen oder kommen zum Jagen ins Riff. Durch den Klimawandel, die Umweltverschmutzung, die Netze der Fischindustrie und nicht zuletzt durch die vielen Touristen, die schnorchelnd auf ihnen herumtrampeln, sind diese erstaunlichen Biotope heute leider sehr bedroht.

Korallen sind die Baumeister der Meere. Ihre Skelette sind aus Kalk. So können sie mit der Zeit riesige Riffe bauen.

Der Anemonenfisch

Dieser in tropischen Gefilden beheimatete knuffige Kerl ist den meisten Menschen wohl eher unter dem Namen Clownfisch bekannt. Seinen Namen verdankt er der auffallenden orange-weiß-schwarzen Färbung. Zum weltweiten Star der Fischwelt wurde er durch den Film »Findet Nemo«. Sehr erstaunlich ist, dass Clownfische zunächst alle als Männchen geboren werden. Sie leben in kleinen Gruppen zusammen mit einem Weibchen als Anführerin. Stirbt das dominante Weibchen, so wandelt sich das stärkste Männchen der Gruppe in ein Weibchen um.

Anemonenfische leben – der Name deutet darauf hin – in enger Symbiose mit Seeanemonen, einem Blumentier, das sie vor Feinden schützt. Die Fische entfernen sich oft nur wenige Meter von ihrer Anemone, bei Gefahr verstecken sie sich zwischen ihren Tentakeln.

Great Barrier Reef

Das Great Barrier Reef liegt vor der Nordostküste Australiens und ist das größte Korallenriff der Erde. Das **2.300 km** lange Riff ist so groß, dass man es sogar vom Weltraum aus sehen kann. Dieses einzigartige Ökosystem besteht aus ungefähr **2.900** einzelnen Riffen, einer Vielzahl von Sandbänken sowie aus etwa **1.000** Inseln. Das Great Barrier Reef ist die Heimat von unzähligen Meerestieren. Tausende von Fisch- und Weichtierarten, Hart- und Weichkorallen, Meeresschildkröten, Seekühe, Wale und Delfine tummeln sich in dieser kunterbunten Unterwasserwelt. Das lebende Wunderwerk ist ein Paradies für Taucher und Schnorchler. Das Great Barrier Reef ist jedoch stark bedroht. Durch die Verschmutzung des Meeres und den Klimawandel tritt die sogenannte Korallenbleiche auf. Die Korallen verlieren ihre Farbenpracht und sterben in der Folge ab.

In den Nischen und Höhlen der Riffe leben unzählige Krebstiere, Seesterne und Muscheln. Viele Fische finden dort Nahrung und nutzen sie als Brutstätten und Verstecke vor Raubfischen.

Das Meer ist krank

Das vielfältige Leben in den Ozeanen ist ein großer Schatz für die Menschheit. Es liefert uns Nahrung, Energie und hält viele Freuden für uns bereit. Ohne Ozeane gäbe es kein Leben auf der Erde. Doch dieses Leben ist gefährdet, denn wir behandeln das Meer nicht gut.

Plastikmüll hat oft einen langen Weg hinter sich, bevor er zur großen Gefahr für die Meeresbewohner wird. Der größte Teil unserer Plastikabfälle gelangt über die Flüsse ins Meer.

Wir mögen es, wenn exotische Fische und Meeresfrüchte auf unserem Teller landen. Doch die Überfischung der Meere führt zu übermäßigem Rückgang der Fischbestände und anderer Meerestiere.

Ein Meer aus Plastik. ***Millionen Tonnen*** *Plastikmüll landen jährlich in den Weltmeeren. Riesige Teppiche des Kunststoffabfalls schwimmen auf der Oberfläche der größten Müllkippe der Erde. Doch auch unter Wasser, sogar bis in die Tiefsee, bahnt sich der Müll seinen Weg.*

Es kann Hunderte von Jahren dauern, bis sich die Kunststoffteile aufgelöst haben. Durch Wind, Wellen, Salz und andere Einflüsse wird das Plastik zu kleinsten Teilchen zerrieben und richtet so weiteres Unheil an. Dieses sogenannte Mikroplastik gelangt in die Mägen kleinerer und größerer Tiere und damit auch wieder auf unsere Teller.

Pinguine

Kennst du den wesentlichen Unterschied zwischen Pinguinen und anderen Meeresvögeln? Pinguine sind zwar auch Vögel, aber sie können nicht fliegen. Ihre Flügel benutzen sie ausschließlich zum Schwimmen. Alle Pinguine sind fantastische Schwimmer. Außerhalb des Wassers mögen sie unbeholfen wirken, wenn sie in ihrem schwarzen Frack durch die Gegend watscheln, aber sobald sie ins kühle Nass gleiten, sind sie in ihrem Element. Dort verbringen sie auch die meiste Zeit. Nur zum Brüten oder bei schweren Stürmen gehen sie an Land.

Galápagos-Pinguin
Felsenpinguin

Fabelwesen aus dem Meer

Man nennt sie Meerjungfrauen, Nixen, Sirenen oder Meerfrauen. Sie sollen halb Fisch, halb Frau und wunderschön sein. Sie werden in Liedern besungen und auf Leinwand gebannt. Bücher, Filme und Zeichentrickfiguren haben sie berühmt gemacht. An diesen holden Wesen kommt kaum jemand vorbei. Doch gibt es sie wirklich? Auch wenn sich viele Freunde der beliebten Wassernixen wünschen, dass sie existieren, bleiben sie wohl für immer ein Mythos. Oder doch nicht?

Was haben Meerjungfrauen und Seekühe gemeinsam? Auf den ersten Blick nicht viel. Doch es gibt da diese Geschichten, die Seeleute einander vor langer Zeit erzählten. Sie berichteten von schönen jungen Frauen, die sich auf Klippen sonnten, und von Frauengestalten, die aus dem Meer auftauchten und wieder verschwanden. Seefahrer waren meist nicht an Land und sehnten sich sehr nach weiblicher Gesellschaft. So sehr, dass sie sogar in den nicht gerade feinen Gesichtszügen einer Seekuh das Antlitz einer hübschen Dame sahen.

Seekuh

Eine schwimmende Kuh, nanu? Wo gibt es die denn? Tatsächlich sind Seekühe trotz ihres Namens keine Kühe. Zu ihren nächsten Verwandten zählen die Elefanten, und selbst das kann man sich kaum vorstellen. Im Laufe der Evolution haben sich die Vorderbeine der Seekühe in Flossen verwandelt, die Hinterbeine sind gänzlich zurückgebildet. Auch wenn die Tiere mit ihren zylinderförmigen, bis zu 600 kg schweren Körpern ein bisschen aussehen wie Robben, ist es ihnen mit ihren Gliedmaßen nicht möglich, an Land zu gehen und sich dort zu bewegen.

Seekühe findet man vor allem in Küstennähe. Es gibt drei Arten von Rundschwanzseekühen, auch Manati genannt. Der Karibik-Manati ist im Golf von Mexiko, der Karibik sowie an den Atlantikküsten Brasiliens und Venezuelas zu Hause. Der Amazonas-Manati lebt im Fluss und liebt Süßwasser. Der Afrikanische Manati ist ebenfalls oft in Flussnähe an der afrikanischen Westküste zu finden. Gabelschwanzseekühe, die als Dugongs bekannt sind, leben an den Küsten des Indischen Ozeans, des Roten Meeres und des Westpazifiks.

Seekühe sind zwar von Geburt an gute Schwimmer, reiten in der ersten Zeit aber lieber auf dem Rücken der Mutter.

Gesunkene Schiffe

Nicht immer endet eine Seefahrt glücklich, denn die Fahrt auf hoher See ist bis heute mit Gefahren verbunden. Seit Jahrtausenden sorgen Stürme, Seeschlachten oder menschliches Versagen dafür, dass Schiffe auf dem Meer verunglücken und kentern. Experten vermuten, dass rund drei Millionen Schiffswracks auf dem Grund der Weltmeere liegen könnten. Kriegsschiffe, Passagierdampfer, Piratenschiffe, Fischkutter oder moderne Tanker, Schiffsgerippe aller Art und aus allen Epochen der Seefahrt verrotten in dunkler Tiefe. Forscher und Abenteurer fühlen sich von den bizarren Schiffsüberresten in Bann gezogen. Die einen interessieren sich für Geschichten hinter den gesunkenen Schiffen, andere hoffen, am Meeresgrund kostbare Schätze zu finden. Viele Schiffe hatten wertvolle Fracht an Bord und haben Goldbarren, Silbermünzen, Juwelen, Porzellan und andere Reichtümer mit in ihr feuchtes Grab genommen.

Eines der berühmtesten Schiffswracks der Welt liegt in ***3.800 Metern Tiefe*** *auf dem Meeresgrund im Nordatlantik, südlich von Neufundland. Am 15. April 1912 war die Titanic auf ihrer allerersten Reise, von Großbritannien nach Amerika, als sie mit einem Eisberg zusammenstieß und sank. Von den rund* ***2.200*** *Menschen an Bord sind etwa* ***1.500*** *ums Leben gekommen. Erst 73 Jahre nach dem Unglück hat man das Wrack des Luxusdampfers gefunden.*

Meeressaurier

Dinosaurier waren viele Millionen Jahre lang die unangefochtenen Herrscher an Land und in der Luft. Doch auch im Wasser tummelten sich etliche dieser urzeitlichen Kreaturen. Die Weltmeere beherbergten eine Vielzahl von Meeressauriern. Ähnlich wie die heutigen Meeressäugetiere mussten sie an die Wasseroberfläche zum Luftholen. Die meisten Arten legten wahrscheinlich keine Eier, anders als die landbewohnenden Dinosaurier, sondern brachten ihren Nachwuchs lebend zur Welt.

Die fleischfressenden **Plesiosaurier** bevölkerten die Erde vor circa **66 Millionen** Jahren und starben gegen Ende der Kreidezeit aus. Kennst du die Geschichte von »Nessie«, dem Ungeheuer von Loch Ness? Die Beschreibungen dieses Fabelwesens, das in einem See in Schottland leben soll, passen erstaunlich gut auf die äußerliche Erscheinung eines Plesiosauriers.

*Zur Fortbewegung im Meer waren die großen Reptilien mit vier paddelförmigen Flossen und einem kräftigen Schwanz perfekt ausgestattet. Vom Kopf bis zur Schwanzflosse wurden die Saurier bis zu **15 m** lang.*

Vor mehreren Millionen Jahren zog ein gigantischer Räuber durch die Weltmeere, der **Megalodon**. Neben diesem Urzeit-Hai würde ein Weißer Hai wie ein schnuckeliger Fisch anmuten. Allein das furchteinflößende Gebiss eines ausgewachsenen Megalodon hatte eine Breite von über **3 m** und eine Höhe von über **2,5 m**. Versteinerte Überreste des beeindruckenden Jägers wurden fast überall auf der Erde gefunden.

Der Megalodon hatte eine Körperlänge von maximal 20 m.

Durchschnittliche Länge eines Weißen Hais

In dieser Flasche steckt ein Walfänger aus dem 19. Jahrhundert. So nennt man nicht nur die Person, die diesen Beruf ausübt, sondern auch das Schiff, das dafür benötigt wird. Heutzutage ist der Walfang international sehr umstritten, obwohl es noch immer Länder gibt, in denen er nicht verboten ist.

Das Meer in der Flasche

Hast du auch schon mal staunend vor einem Flaschen- bzw. Buddelschiff gestanden und dich gefragt, wie diese kleinen, filigranen Schiffsmodelle durch den schmalen Flaschenhals in die Flasche kommen? Es braucht Kleinarbeit, viel Geduld und ein paar Tricks – so entsteht ein Buddelschiff.

Die Flasche im Meer

Mit Flaschenpost verbindet man hauptsächlich den Hilferuf von Schiffbrüchigen, denen keine andere Möglichkeit bleibt, um auf sich aufmerksam zu machen. Der Absender steckt seine Nachricht in eine Flasche und wirft sie verschlossen ins Meer, in der Hoffnung, dass die Strömung die Botschaft an einem anderen Ort an Land spült und diese dann auch gefunden wird.

Die beliebteste Methode des Flaschenschiffbauens ist die Zugtechnik. Das Modell braucht nach hinten (bei Schiffen heißt das achtern) einklappbare Masten. An den Masten sind Fäden befestigt, die man zum Aufrichten benötigt.

Die Masten des Schiffes werden nun nach achtern eingeklappt und das Schiff in dieser gefalteten Form mit dem Heck voraus durch den Flaschenhals geführt. Dazu benötigt man diverses Spezialwerkzeug wie zum Beispiel lange Pinzetten.

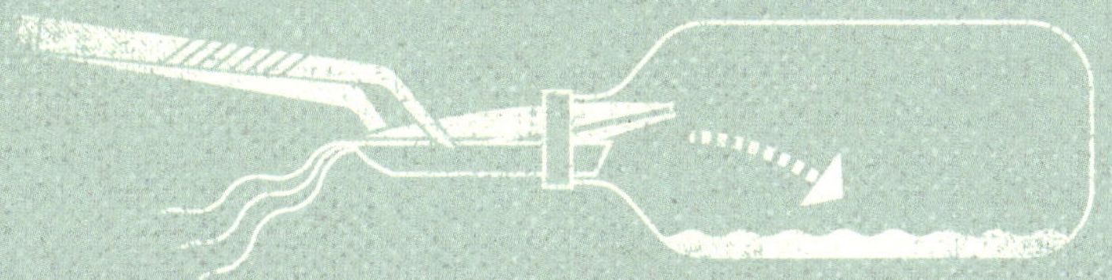

Wenn das Schiffsmodell auf dem vorbereiteten »Meeresboden« aus Knete oder Kitt fixiert ist, werden die Masten aufgerichtet, indem man vorsichtig an den Fäden zieht.

Sobald alle Elemente verklebt und getrocknet sind, werden die Fäden abgeschnitten, und die Flasche kann verschlossen und versiegelt werden.

*Die älteste bekannte Flaschenpost ist einem Kieler Fischer ins Netz gegangen und ist über **100 Jahre** alt. Der Absender ist jedoch kein Schiffbrüchiger, sondern ein Mann aus Berlin, der dem Flascheninhalt sogar Briefmarken für die erhoffte Antwort des Empfängers beilegte.*

Weltkarte
Beaufortsee
Beringmeer
Golf von Alaska
Baffin Bay
Hudsonbai
Labrador
Nordsee
Nordamerika
Golf von Kalifornien
Golf von Mexiko
ATLANTISCHER OZEAN
Karibisches Meer
PAZIFISCHER OZEAN
Südamerika
Weddellmeer

ARKTISCHER OZEAN
Tschuktschensee
Ostsibirische See
Laptewsee
Karasee
Barentssee
Ostsee
Ochotskisches Meer
Schwarzes Meer
Asien
Europa
Kaspisches Meer
Japanisches Meer
Mittelmeer
Ostchinesisches Meer
PAZIFISCHER OZEAN
Südchinesisches Meer
Arabisches Meer
Golf von Bengalen
Golf von Thailand
Afrika
Golf von Guinea
INDISCHER OZEAN
Australien
Große Australische Bucht
Tasmanische See
SÜDLICHER OZEAN
Antarktika
Kosmonautensee

Deutsche Originalausgabe

Gestaltung: Dieter Braun, Hamburg
Umschlaggestaltung: Dieter Braun, Hamburg
Projektleitung: Theresa Scholz, Knesebeck Verlag
Lektorat: Silvia Bartholl, Frankfurt
Satz: Adriane Krakowski, Hamburg
Herstellung: Arnold & Domnick, Leipzig
Druck: GRASPO CZ, Zlín
Printed in Czech Republic

ISBN 978-3-95728-481-5

www.knesebeck-verlag.de

FSC
www.fsc.org
MIX
Paper from responsible sources
FSC® C010798

Ebenfalls bei Knesebeck erschienen:

ISBN 978-3-95728-130-2

ISBN 978-3-95728-482-2

ISBN 978-3-86873-734-9

ISBN 978-3-86873-822-3